yukismart.com/b/67e940
AF364388
1
2

body

身体

shēn tǐ

head

头

tóu

face

脸

liǎn

grow up

成长

chéng zhǎng

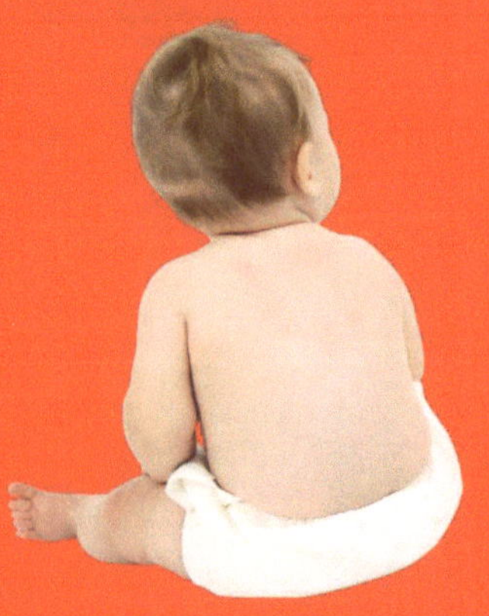

back

背

bèi

chest

胸

xiōng

bottom

屁股

pì gu

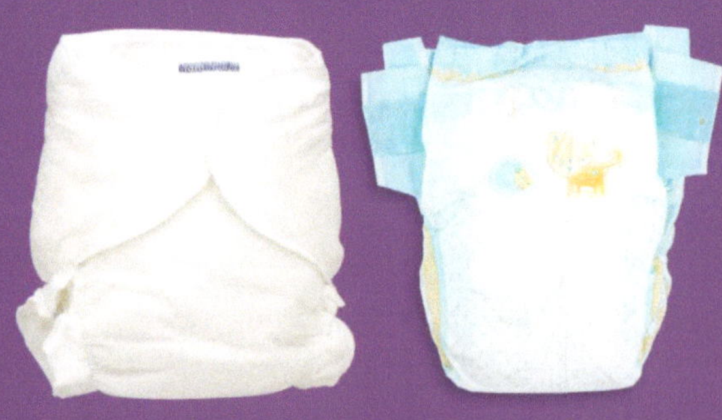

diaper

尿不湿

niào bù shī

eye

眼睛

yǎn jing

glasses

眼镜

yǎn jìng

forehead
额头
é tóu
chin
下巴
xià ba

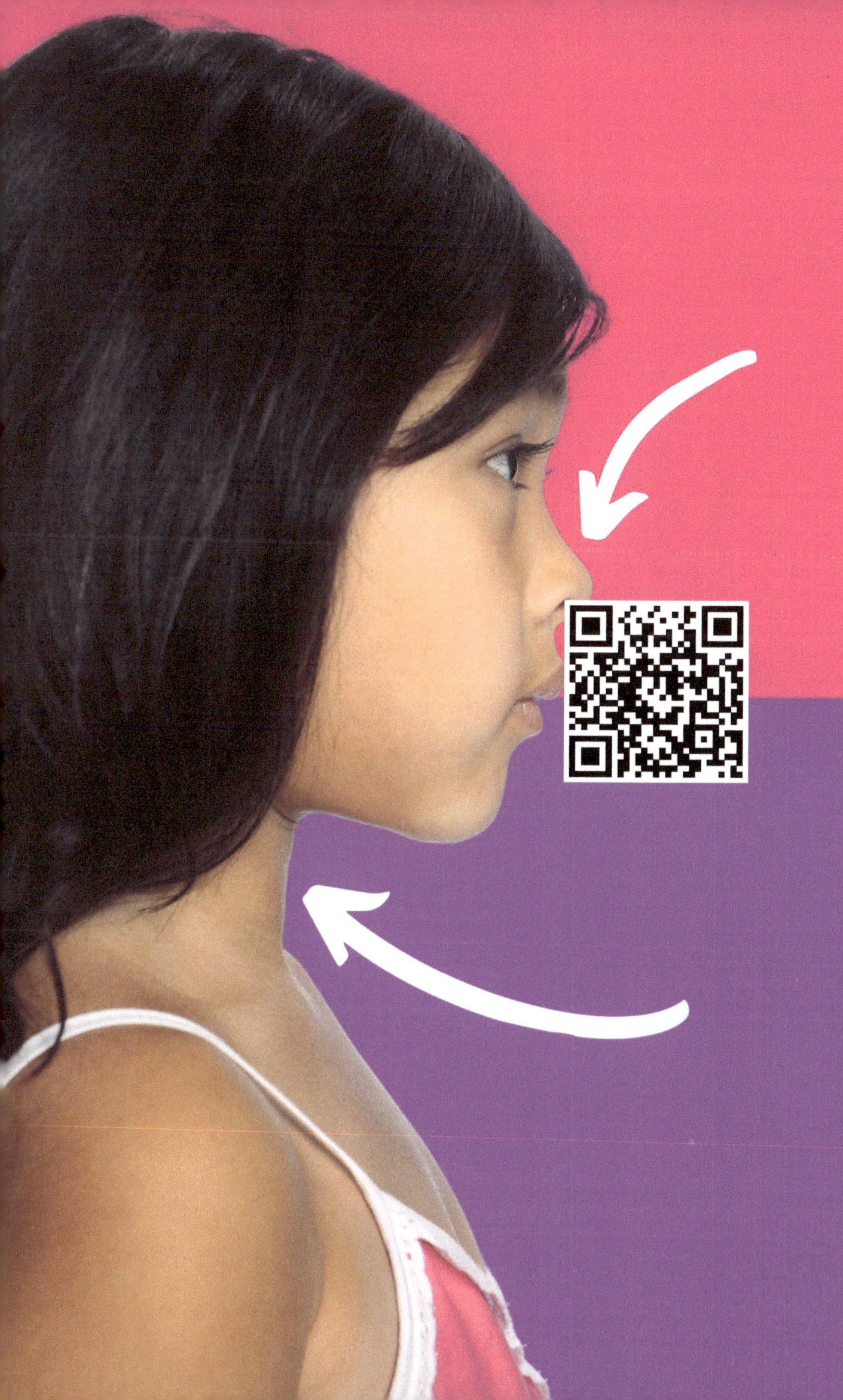

nose
鼻子
bí zi
neck
脖子
bó zi

cheeks

脸颊

liǎn jiá

kiss

亲吻

qīn wěn

mouth

嘴

zuǐ

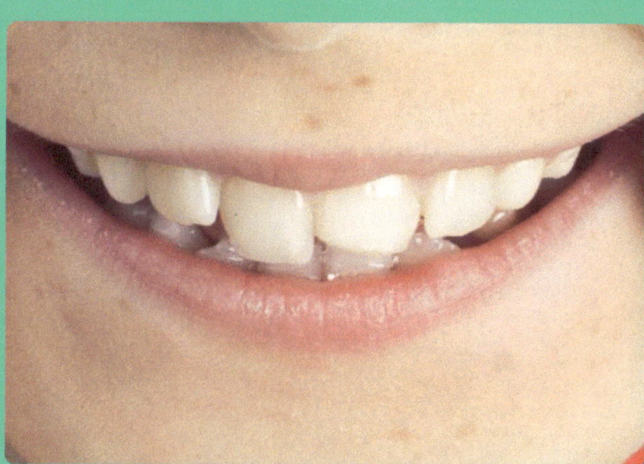

teeth

牙齿

yá chǐ

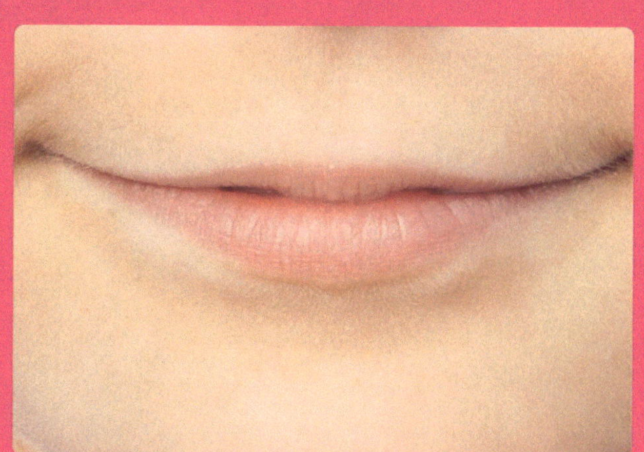

lips

嘴唇

zuǐ chún

tongue

舌头
shé tou

hair

头发
tóu fà

straight hair
直发
zhí fà

curly hair
卷发
juǎn fà

black hair

黑发

hēi fā

brown hair

棕色头发

zōng sè tóu fà

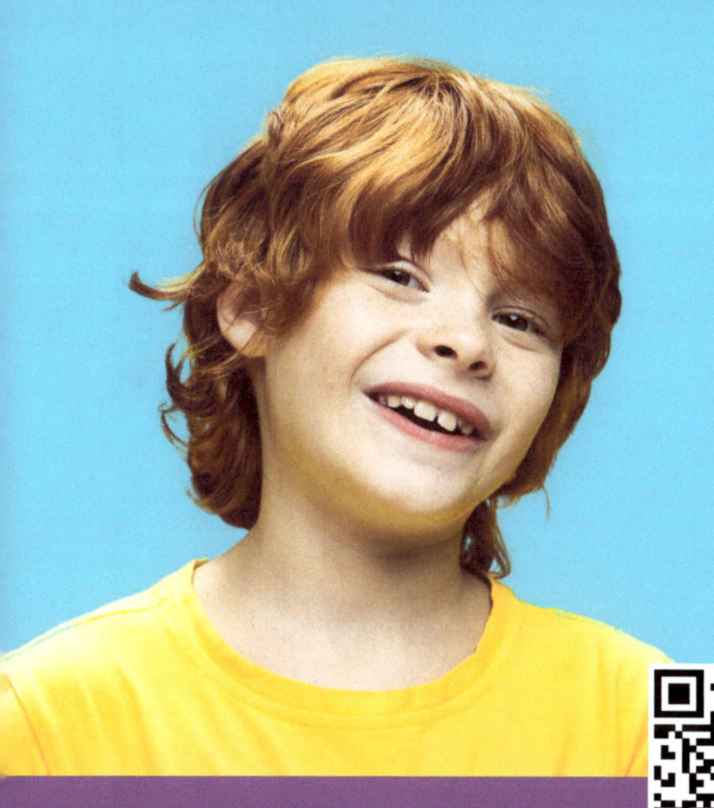

ginger hair

红发

hóng fā

blond hair

金发

jīn fà

gray hair

白发

bái fà

bald head

秃头

tū tóu

beard
络腮胡
luò sāi hú

moustache
小胡子
xiǎo hú zǐ

arm
手臂
shǒu bì

elbow
手肘
shǒu zhǒu

hand

手

shǒu

fingers

手指

shǒu zhǐ

thumb

拇指

mǔ zhǐ

belly
肚子
dǔ zi

navel
肚脐
dù qí

foot

脚

jiǎo

leg

腿

tuǐ

heel

脚后跟

jiǎo hòu gēn

thigh

大腿

dà tuǐ

ankle

脚踝

jiǎo huái

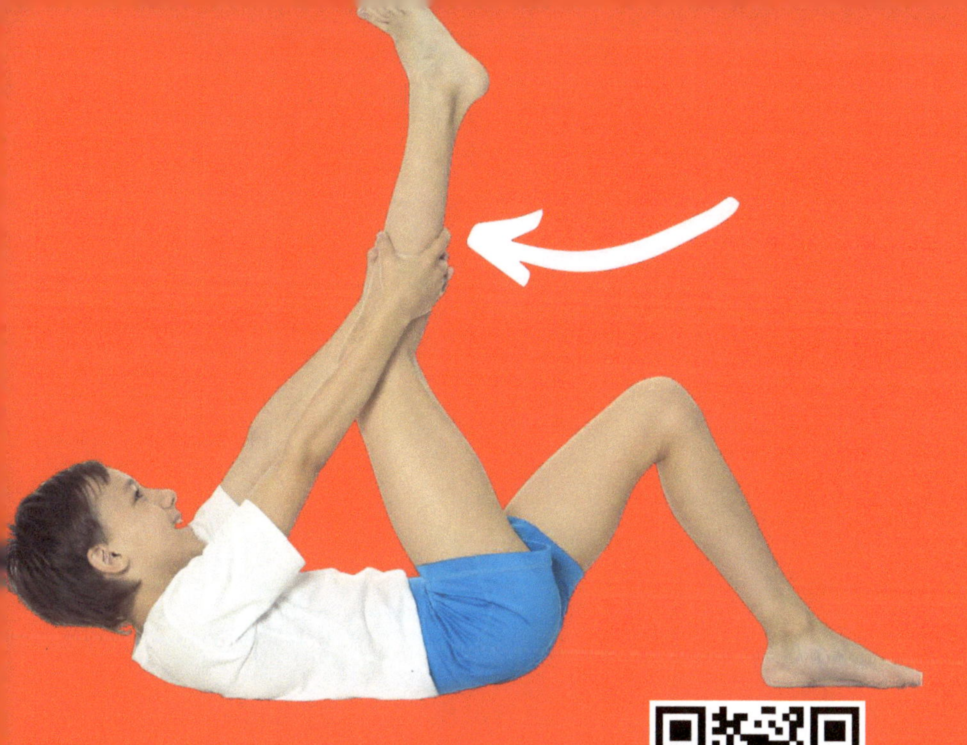

calf

小腿

xiǎo tuǐ

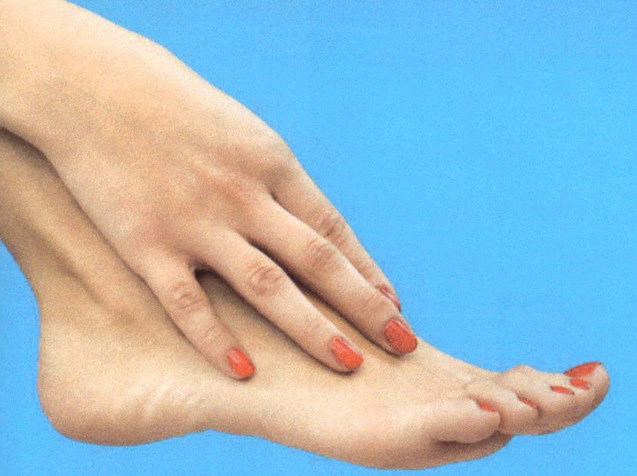

nails

指甲

zhǐ jia

knee

膝盖

xī gài

necklace

项链

xiàng liàn

bracelet

手镯

shǒu zhuó

hat

帽子

mào zi

scarf

围巾

wéi jīn

coat
外套
wài tào

pullover
套头衫
tào tóu shān

pants
裤子
kù zi

dress
连衣裙
lián yī qún

rain boots
雨靴
yǔ xuē

socks
袜子
wà zi

shoes
鞋子
xié zi

mittens
手套
shǒu tào

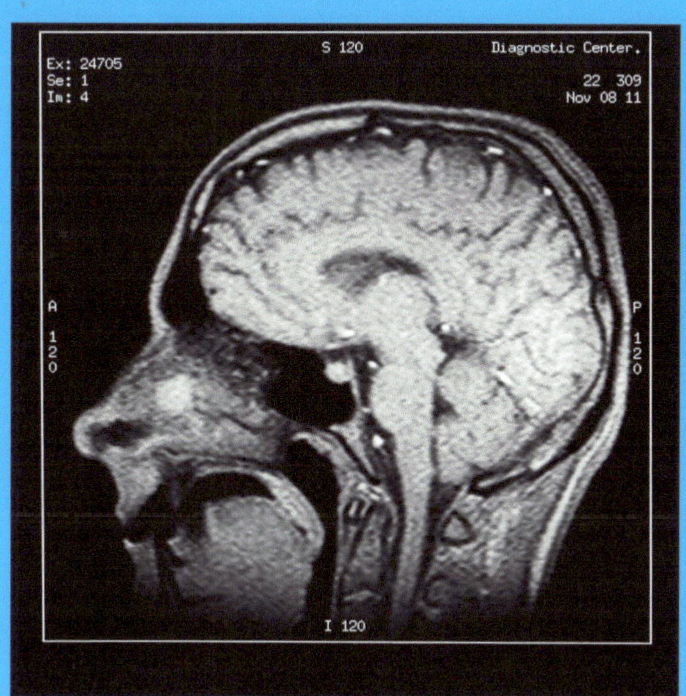

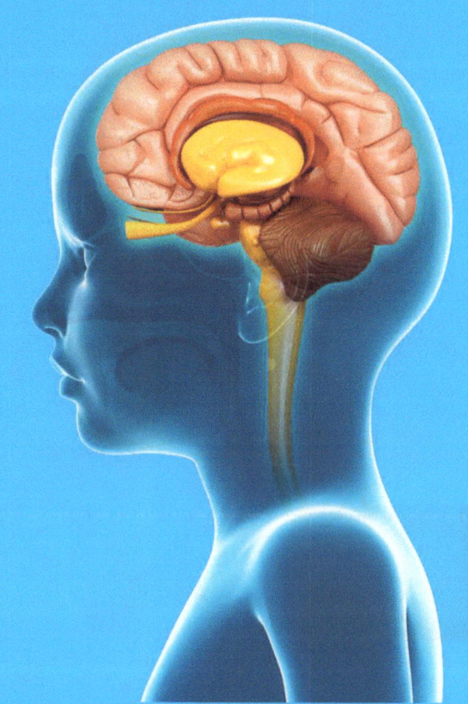

brain

大脑

dà nǎo

heart
心
xīn

lungs
肺
fèi

skin

皮肤

pí fū

sunscreen

防晒霜

fáng shài shuāng

sun glasses

太阳镜

tài yang jìng

soap

肥皂

féi zào

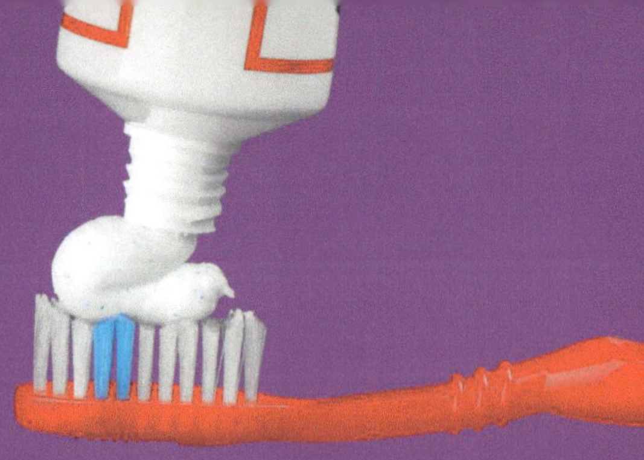

toothpaste

牙膏

yá gāo

toothbrush

牙刷

yá shuā

pain

疼

téng

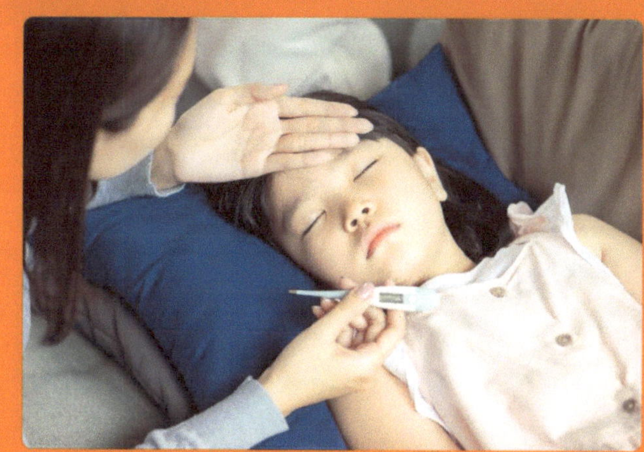

fever

发烧

fā shāo

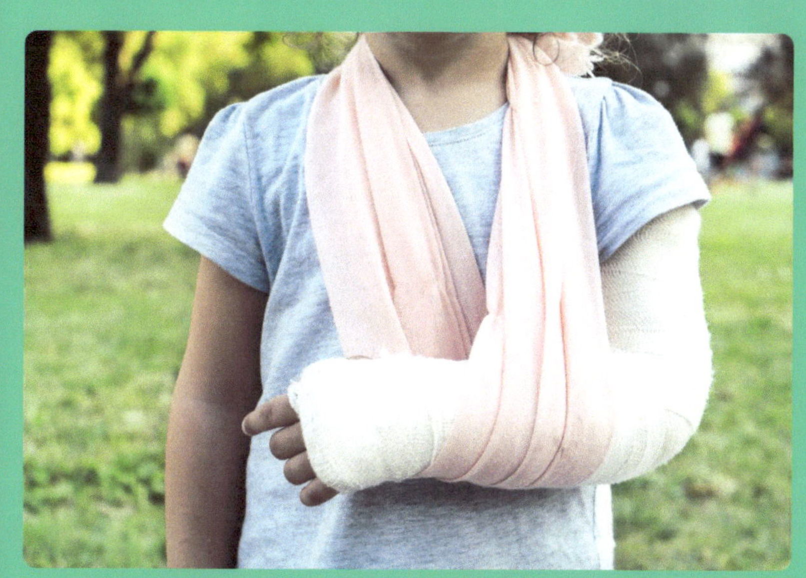

broken arm

手臂骨折

shǒu bì gǔ zhé

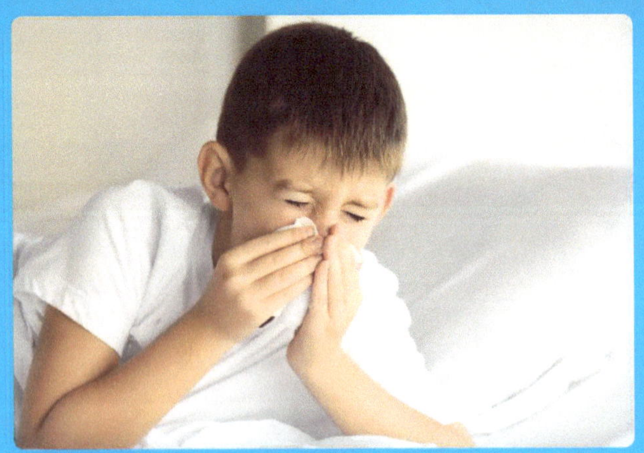

sneeze

打喷嚏

dǎ pēn tì

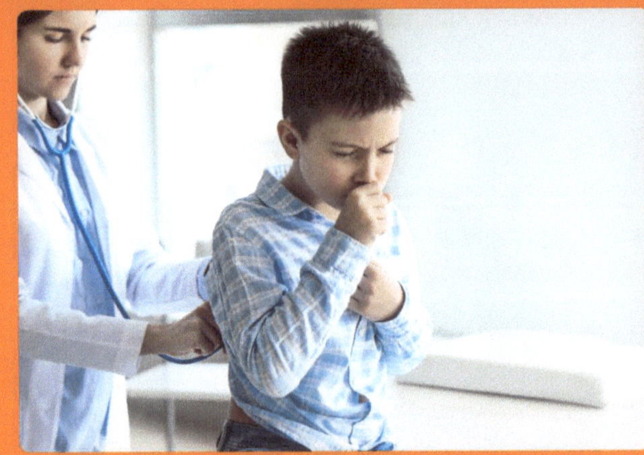

cough

咳嗽

ké sòu

dental cavity

蛀牙

zhù yá

pharmacist

药剂师

yào jì shī

medicine

药物

yào wù

hospital

医院

yī yuàn

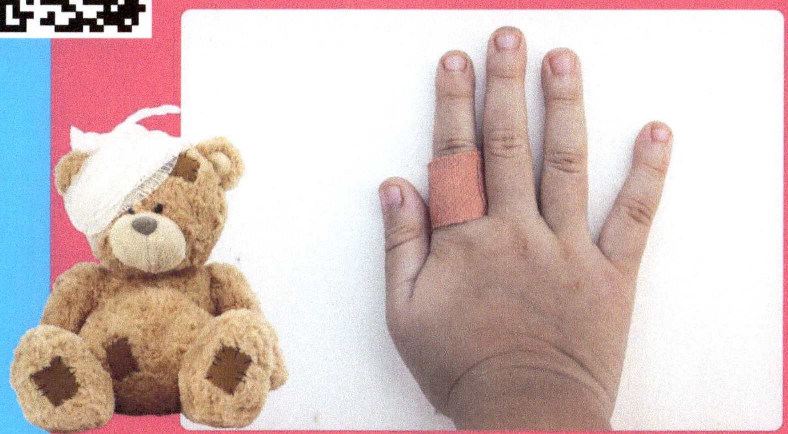

bandage

绷带

bēng dài

paramedic

急救医护人员

jí jiù yī hù rén yuán

firefighter

消防员

xiāo fáng yuán

firetruck

消防车

xiāo fáng chē

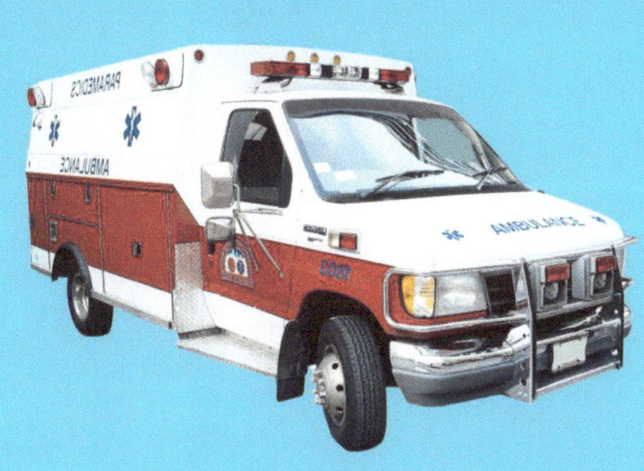

ambulance

救护车

jiù hù chē

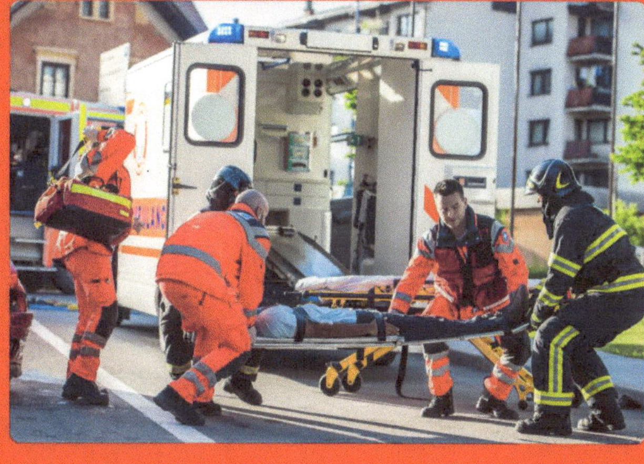

rescue team

救援队

jiù yuán duì

helicopter

直升机

zhí shēng jī

boat

船

chuán

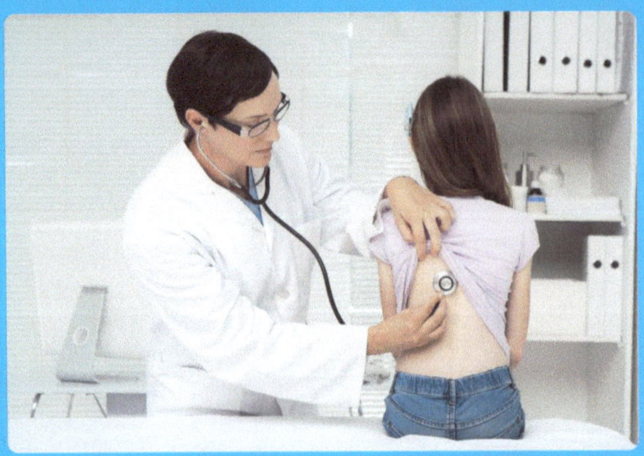

doctor

医生

yī shēng

nurse

护士

hù shi

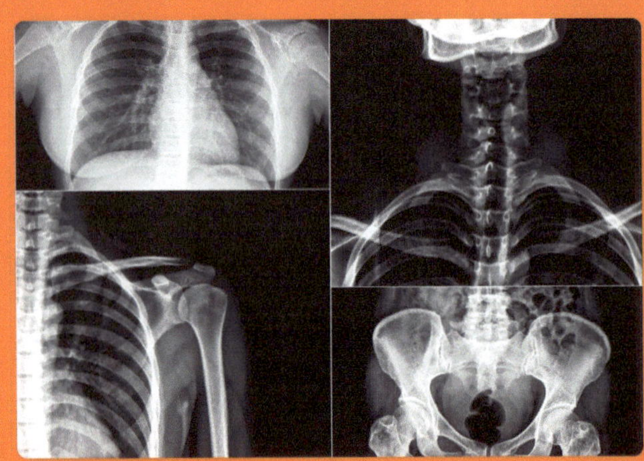

x-ray

X光影像

X guāng yǐng xiàng

wheelchair

轮椅

lún yǐ

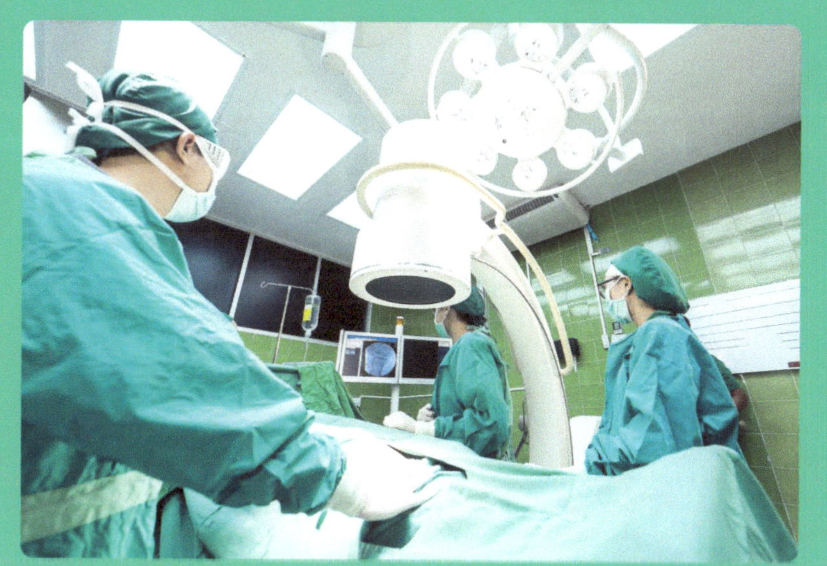

surgeon

外科医生

wài kē yī shēng

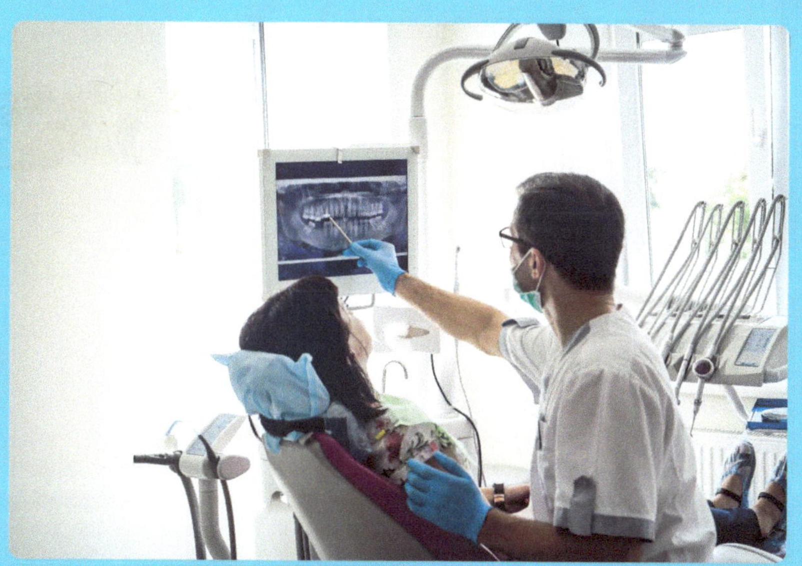

dentist

牙医

yá yī

thermometer

体温计

tǐ wēn jì

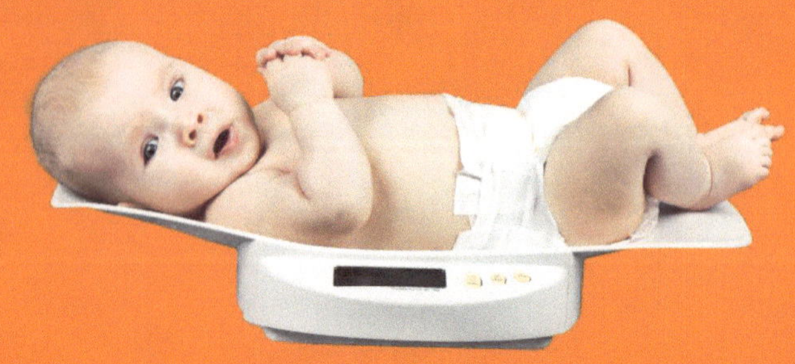

scale

体重秤

tǐ zhòng chèng

first aid kit

急救箱

jí jiù xiāng

vet

兽医

shòu yī

stethoscope

听诊器

tīng zhěn qì

dancing

跳舞

tiào wǔ

basketball

篮球

lán qiú

soccer

足球

zú qiú

swimming

游泳

yóu yǒng

skiing

滑雪

huá xuě

judo

柔道

róu dào